O Creature raisonnable
Qui desires vie eternelle
Tu as cy doctrine notable
Pour bien finer vie mortelle
La dáce macabre sappelle
Que chescun a dancer apprent
A hôme et femme est naturelle
Mort nespargne petit ne grant
En ce mirouer chûn peult lire
Quil le conuient ainsi dancer
Sage est celuy qui bien se mire
La mort le vif fait auancer
Tu voys les plus grans cômencer
Car il nest nul que mort ne fiere
Cest piteuse chose y penser
Tout est forge dune matiere
Les mortz

Vous qui par cõmune ordonnance
Viues en estas tant diuers
Tous dãceres a ceste dance
Vne foys et bons et peruers.
Et si seront mẽges des vers
Vos corps helas regardes nous.
Mortz pourris puãs desconuers
Cõme lõmes telz seres vous

Dites nous par quelles raisons
Vous ne pẽses poit a mourir
Quãt la mort va en vos maisons
Huy lung demain lautre querir.
Sans quon vous puisse secourir
Cest mal vescu sans y penser
Et trop grant dãger de perir
Force est quil faille ainsi dancer.

Entendes ce que ie vous dys
Jeunes et vieulx petis et grans.
De iour en iour selon les ditz
Des sages vous alles mourans
Car vos iours vont diminuans
Pour quoy tous seres trespasses
Vous qui viues deuant cent ans
Las cent ans sont tantost passes

Deuant quilz soient cent ans passes
Tous les viuans cõme ie dis
De ce monde seront passes
En enfer ou en paradis
Helas donc retenes ces ditz
Ceulx qui nont des trespasses cure
Sont en danger destre mauditz
Et gist leur cas en aduenture.

La mort

Vous faites lesbahy se semble
Cardinal sus legierement
Suyuons les aultres tout ensemble
Riens ny vault lesbahissement
Vous aues vescu haultement
Et eu honneurs a grant deups
Prenes engre lesbatement
En grãt hõneur se pert laduis.

Le cardinal

Jay bien cause de mesbahyr
Quãt ie me voy de si pres pris
La mort mest venue assaillir
Plus ne vestiray vert ne gris
Chappeau rouge robe de pris
Me fault laisser a grant destresse
Je ne lauoye pas apris
Toute ioye fine en tristesse

La mort.

Venez noble roy couronne
Renomme de force & prouesse
Jadis fustes enuironne
De grans pompes de grãt noblesse
Mais maintenãt toute haultesse
Laisseres vous nestes pas seul
Peu aures de vostre richesse
Le plus riche na quung linceul

Le roy

Je nay point apris a dancer
A dance & note si sauuage
Las on peult bien veoir et penser
Que vault orgueil force lignage
Mort destruit tout cest son vsage
Aussitost le grant que le mendre
Qui moins se prise plus est sage
En la fin fault deuenir cendre

La mort

Vous qui viues certainement
Quoy quil tarde ainsi danceres
Mais quãt dieu le scait seullement
Aduises cõmẽt vous feres
Dam pape vous cõmenceres
Cõme le plus digne seigneur
En ce point honnoze seres
Aux grãs maistres est deu lhõneur.

Le pape

He fault il q̃ la dance meine
Premier: veu que suis dieu en terre
Jay eu dignite souueraine
En leglise cõment saint pierre
Et cõme aultre mozt me viẽt q̃rre
Encozes mourir ne cuidasse
Mais la mozt a to⁹ meine guerre
Peu vault hõneur q̃ si tost passe

a z

La mort

Et vous le non pareil du monde
Prince et seigneur grãt emperiere
Laisser vous fault la pomme ronde
Armes sceptre timbre et bauiere
Pas ne vous laisseray desriere
Vous ne poues plus seignourir
Jemmeine tout cest ma maniere
Les filz dadam fault tous mourir

Lempereur.

Je ne scay deuãt qui iappelle
De la mort quainsi me demeine
Armer me fault de pic de pelle
Et dũg linceul ce mest grãt peine
Sur tous ay eu grãdeur mõdaine
Et morir me fault pour tout gage
Quest ce de ce mortel i emaine,
Les grans ne sont pas dauantage

La mort.

Patriarche pour balle chere
Dous ne poues estre quitte
Doltre double croix quaues chere
Dng aultre aura cest equite
Ne penses plus a dignite
Ja ne seres pape de romme
Pour rendre compte estes cite
Folle esperance decoit lhomme

Le patriarche

Bien appercoy que grat honeur
Deceu ma pour dire le voir
Car mes ioyes tournet en douleur
Et que vault tat dhoneur auoir
Trop hault moter nest pas sauoir
Haulx estas trompent ges sans nobre
Qui peu le veullent perceuoir
A hault moter le fais encombre

La mort

Cest de mon droit q̃ ie vo⁹ mcine
A la dance gent cõnestable
Les plus fozs cõme charlemaigne
Mozt prent cest chose veritable.
Rien ny vault chere espouentable
Ne fortes armes en cest assault
Dung cop iabas le plus estable
Rien nest darmes q̃t mozt assault.

Le connesteble

Iauoye encoz intention
Dassaillir chasteaulx forteresses
Et mettre a subiection
En acquerant hõneurs richesses
Mais q̃t voy q̃ toute prouesse
Mozt met a bas cest grant despit
Tout luy est vng doulceur rudesse
Contre la mozt na nul respit

La mort.

Legat'vous estes arreste
Dehors nvpres ie vous affye
Tenes vous seur ɫ appreste
Pour mourir ie vous certifye
Que mort au iourdhuy voⁱ deffye
Entendes y cest voltre fait
En vie longue nul ne se fye
Le vouloir de dieu sera fait

Le legat

Du pape iauoye la puissance
Se ne fust cest empeschement
Daller cõme legat en france
Mais faire me fault aultrement
Car mourir voys quãt ou cõmẽt
Ne en quel lieu ie ne scay pas
Dieu est qui le scait seullinent
Mort suyt lhõme pas apres pas

La mort

Tresnoble duc renom aues
Dauoir fait par voftre prouesse
Par tout ou vous estes trouues
Beaulx faitz darmes et de noblesse
Oz monstres voftre hardiesse
Et dances pour gaigner le pris
Les humais mort chasser ne cesse
Les plus grans sont les pmiers pris

Le duc.

De mort suis assailli tresfort
Et ne scay tour pour me deffendre
Je voy que la mort le plusfort
Côme le foible tend a prendre.
Que dopie faire il fault lattendre
Patiammêt et de bon cueur
A dieu de ses biens graces rendre
Hault estat nest pas le plus seur

La mort.

Que vous tyres la teste arriere
Archeuesque tyres vous pres
Aues vous paour quon ne vous fyere
Ne doubtes vous viendres apres.
Nest pas tousiours la mort empres
Tout hôme fuyuant coste a coste
Rendre côuient debtes et prestz
Vnc foys fault côpter a lhoste

Larcheuesque

Las ie ne scay ou regarder
Tant suis par mort a grant destroit
Ou fuyrayie pour moy garder
Certes qui bien mort congnoistroit
Hors de raison iamais nystroit
Plus ne gerray en chambre painte
Mourir me côuient cest le droit
Quant faire fault cest grant côtraite

Dous qui entre les larrons
Aues eu renom cheualier
Oubliés trompettes ⁊ clairons
Et me suyues sans sommeiller
Les dames soullies reueiller.
En faisant dancer longue piece
A anltre dãce fault veiller
Le que lung fait laultre depiece

Le cheualier

Or ayie este auctorisé
En plusieurs fais et bien fame
Des grans et des petis prise
Auec ce des dames ayme
Ne oncques ne fus diffame
A la court de seigneur notable
Mais a ce cop suis tout pasme
Dessoubz le ciel na rien estable.

La mort.

Abbe venez tost vous fuyes
Nayes ia la chere esbahaye
Il conuient que la mort suyues
Combien que moult lauez haye
Commandes a dieu labbaye
Qui gros et gras vous a nourry
Tout pouurires a peu daye
Le plus gras est premier pourry.

Labbe.

De cecy neusse point enuye
Mais il conuient le pas passer
Las or nayie pas ma vie
Garde mon ordre sans casser
Gardes vous de trop embrasser
Vous qui viues au demourant
Se vous voules bien trespasser
On saduise tart en mourant.

La mort.

Gentil amoureux gay et frisque
Qui vous cuydes de grant valeur
Vous estes pris la mort vous picque
Vous lairres le monde a douleur
Trop lauez ayme cest folleur
De vous mort est peu regardee
Tantost vous changeres couleur
Beaulte nest quymage fardee.

¶ Lamoureux.

Helas or nya il secours
Contre mort a dieu amourettes
Bien tost va ieunesse a decours
A dieu chapeaux boucquetz florettes
A dieu amans et pucellettes
Souuiegne vous de moy souuent
Et vous myres se sages estes
Petite pluye abat grant vent.

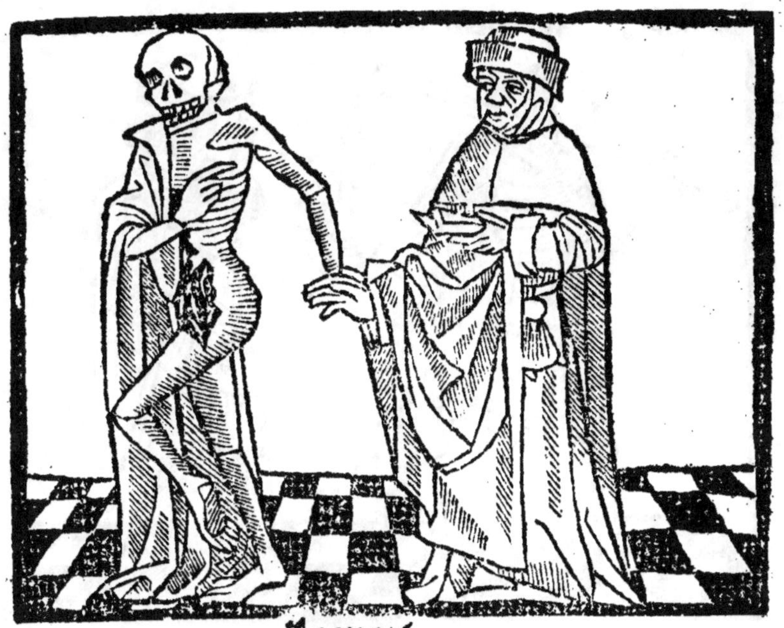

La mort.

Aduocat sans long proces faire
Venes vostre cas playdoyer
Bien auez sceu les gens attraire
De pieca ce nest dhuy ne dhyer
Conseil sine vous peult ayder
Au grant iuge vous fault venir
Sauoir le deues sans cuyder
Bon fait iustice preuenir.

Laduocat.

Cest bien droit que raison se face
Ne ie ny scay mettre deffence
Contre mort na respit ne grace
Nul napelle de sa sentence
Jay eu de laultruy quant gy pense
De quoy ie doubte estre repris
A craindre est le iour de vengeance
Dieu rendra tout a iuste pris.

b ij

La mort.

Bourgoys hastes vous sans tarder
Uous nauez auoir ne richesse
Qui vous puisse de mort garder
Se des biens dont eustes largesse
Auez bien vse cest sagesse
Daultruy vient tout a aultruy passe
Fol est qui damasser se blesse
On ne scait pour qui on amasse.

Le bourgoys.

Grant mal me fait si tost laisser
Rentes maisons cens nourriture
Mais poures et riches abaisser
Tu fais mort telle est ta nature
Sage nest pas la creature
Daymer trop les biens q̃ demeurent
Au monde et sont siens de droiture
Ceuly q̃ plus ont plus enuys meurẽt.

La mort.

Sire chanoyne prebendes
Plus naures diſtribution
Ne gros ne vous attendes
Prenes cy conſolation
Pour toute tribulation
Mourir vous côuient ſans demeure
Ja ny autres dilation
La mort vient quon ne garde leure.

Le chanoyne.

Cecy gueres ne me conforte
Prebende ſuis en mainte guiſe
Or eſt la mort plus que moy forte
Qui tout emmeine ceſt ſa guiſe
Blanc ſurpelis aumuſſe griſe
Me fault laiſſer et a mort rendre
Que vault gloire ſi toſt bas miſe
A bien mourir doit cheſcun tendre.

b iij

Marchant regardes par de ca
Plusieurs pays aues cerche
A pie et a cheual pieca
Vous nen seres plus empesche
Decy vostre dernier marche
Il couient que par cy passes
De tout soing seres despesche
Tel couuoite qui a asses.

Le marchant

Jay este a mont et aual
Pour marchander ou ie pouoye
Par long temps a pie a cheual:
Mais maintenant pers toute ioye
De tout mon pouair acqueroye
Or ay ie asses mort me contraint
Bon fait aller moyenne voye
Qui trop embrasse peu estraint

La mort.

Plusieurs hômes sont cher tenus
Au siecle et en religion
Lesquelz touteffoys sont venus
De bien basse condition
La doctrine et correction
De vous maistre telz les a fait
Or moures vous conclusion
Hôme par mort est tost desfait.

       Le maistre descole

Grâmaire est science sans fable
De toutes aultres ouuerture
A ieunes enfans conuenable
Car sans elle ie vous asseure
Quaultres sciences nont pas cure
De entrer en entendement
Ainsi le veult dieu et nature
Par tout il fault cômencement

La mort.

Sur coursier ne cheual de pris
Homme darmes ne monteres
Plus puis que la mort vous a pris
Aduises comment vous seres
Le monde tantost laisseres
Nattendes plus courir la lance
Regardes moy tel vous seres
Les ieux de mort sont a oultrance.

Lhomme darmes.

A dieu le seruice du roy
Que souloys faire soir et matin
De mort suis pris en desarroy
Sans respit iusques a demain
A ceste dance par la main
Je suis mene piteusement
Mort y côtraint tout hôme humain
Mourir fault on ne scet comment.

La mort.

Lhomme darmes plus cy narreste
Mais meurt sans faire resistence
Car plus ne peult faire conqueste
Vous aussi hôme dabstinence
Chartreux prenes en patience
De plus viure nayes memoyre
Faites valloir en la dance
Sur tout hôme mort a victoire.

Le chartreux.

Je suis au monde pieca mort
Par quoy de viure ay moins denuie
Ja soit que tout hôme craint mort
Puis que la chair est assouuie
Plaise a dieu que lame rauie
Soit es cieulx apres mon trespas
Cest tout neant de ceste vie
Tel est huy qui demain nest pas.

La mozt.

Sergeant qui poztes celle maſſe
Il ſemble que vous rebelles
Pour neant faites vous la grimace
Son vous greue ſi appelles
Vous eſtes de mozt appelle s
Qui luy rebelle il ſe decoit
Les plus foss ſont toſt raualles
Si fozt neſt quauſſi fozt ne ſoit.

Le ſergeant.

Moy qui ſuis royal officier
Lōment moſe la mozt frapper
Je faiſoye mon office hier
Et elle me vient huy happer
Je ne ſcay quel part eſchapper
Je ſuis pzis de ca et de la
Mal gre moy me laiſſe frapper
Enuys meurt qui apzis ne ta

Ha maistre par la passeres
Nayes ia soing de vous deffendre
Ne iamais abbe ne seres
Mourir vous fault sans plus atēdre
Du penses vous cy fault entendre
Tātost aures la bouche close
Hōme nest fors que vent et cendre
Vie dhomme est bien peu de chose

Le moyne

Jaymasse bien mieulx encor estre
En cloistre et faire mon seruice
Cest vng lieu deuot et bel estre
Or ay ie cōme fol et nice
Au temps passe cōmis maint vice
De quoy nay pas fait penitāce
Soufflisant dieu me soit propice
Chescun nest pas ioyeux qui dance.

Vsurier de sens desregle
Venes tost et me regardes
Dusure estes tant aueugle
Que dargent gaigner tout ardes
Mais vous en seres bien lardes
Car le dieu qui est merueilleux
Na pitie de vous tout perdes
A tout perdre est cop perilleux.

Lusurier.

Me conuient il si tost mourir
Ce mest grant peine et greuāce
Et ne me pourroit secourir
Mon or mon argent ma cheuance
Je voys mourir la mort mauance
Dont il me desplaist somme toute
Quest ce de malle acoustumance
Tel a beaux yeulx qui ny voit goute

La mort.

Vous ne iugeres plus durine
Doyes vous ycy quamender
Jadis sceutes de medicine
Asses pour pouoir commander
Or vous vient la mort demander
Côme aultre vous côuient mourir
Vous ny pouez contremander
Bon myze est qui se scait guerir.

Le medecin.

Long temps a quen lart de medicine
Jay mis toute mon estudie
Jauoye science et pratique
Pour guerir mainte maladie
Je ne scay que gy cotredye
Plus ny vault herbe ne racine
Naultre remede quoy quon dye
Contre la mozt na medicine.

La mort.

Baillif qui scaues quest iustice
Et hault et bas en mainte guise
Pour gouuerner toute pollice
Venes tantost a ceste assise
Je vous adiourne de main mise
Pour rendre compte de voz faitz
Au grant iuge qui tout vng prise
Vng chescun portera son fais

Le baillif.

He dieu voycy dure iournee
De ce cop point ne me gardoye
Or est la chance bien tournee
Entre iuges honneur auoye
Et mort fait raualler ma ioye
Qui ma adiourne sans rappel
Je ne voy plus ne toir ne voye
Contre la mort na point dappel.

La mort.

Maistre pour vostre regarder
En hault ne pour vostre clergye
Ne pouez la mort retarder
Cy ne vault rien lastrologie
Toute la genealogie
Dadam qui fut le premier homme
Mort prent se dit theologie
Tous fault mourir pour vne pomme

Lastrologien.

Pour science ne pour degres
Ne puis auoir prouision
Car maintenant tous mes regretz
Sont mourir a confusion
Pour finale conclusion
Rien ne scay plus que ie descriue
Je pers cy toute aduision
Qui vuldra bien mourir bienviue

Meneſtrier qui dances es nottes
Saues et auez beau maintien
Pour eſiouyr et ſotz et ſottes
Quen dittes vous allons nous bien
Mõſtrer voꝰ fault puys q̃ vous tien
Aulx aultres cy vng tour de dance
Le contredire ny vault rien
Cheſcun doit monſtrer la ſcience

Le meneſtrier.

De dancer ainſi neuſſe cure
Certes treſenuys ie my meſſe
Car de mort neſt peine plus dure
Jay mis ſoubz le banc ma vielle
Plus ne corneray ſaulterelle
Naultre dance mort men retient
Il me fault obeir a elle
Tel dãce a qui a cueur nen tient.

Passes cure sans plus songer
Je sens quelles abandonne
Le vit le mort souliés menger
Mais vous seres aux vers donne
Vous fustes iadis ordonne
Miroer daultruy et exemplaire
De vos fais ieres guerdonne
A toute peine est deu salaire.

Le cure.

Veuille ou nõ il fault que me rende
Il nest hõme que mort nassaille.
De mes parrochiens offrende
Nauray iamais ne funeraille
Deuant le iuge fault que iaille
Rendre compte las douloureux
Or ay ie grant peur que ne faille
Qui dieu quitte bié n est eureux

c

La mort.

Laboureur qui en soing et peine
Aues vescu tout voftre temps
Mourir fault ceft chofe certaine
Reculler ny vault ne contemps
De mort deues eftre contens
Car de grant foucy vous deliure
Rpproches vo⁹ ie vous attens
fol eft qui cuide toufiours viure.

Le laboureur

La mort ay fouhaite fouuent
Mais voluntiers ie la fouyffe
Jaymaffe mieulx fift pluye ou vent
Eftre es vignes ou ie fouyffe
Encor plusgrant plaifir y priffe
Car ie pers de peur tout propos
Dr neft il qui de ce pas yffe
Au monde na point de repos

La mort

Promoteur venes a la court
Tantost et soyes aduise
Respondze le long ou le court
Du cas qui vous est impose
Cest car vous estes accuse
Nauoir pas tousiours iustement
De vostre office bien vse
En mal fait gist amendement

Le promoteur

Jeusse demain receu six soulz
Dung home qui est en sentence
Pour consentir quil fust absoulz
Se ieusse este a laudience
Plus il ne me fault penser en ce
Mort ma surpzis en son embuche
Pzendze me fault en patience
Bien charye qui ne trebuche

La mort

En soucy peine et traueil
Aues garde prisons geolier.
Souuent on vous a fait resueil
Cuidant dozmir ou sómeiller
Vous nen seres plus traueille
Venes dancer sans plus de plet
Maintenant fault estre esueille
Il fault mourir quant a dieu plaist

Le geolyer

Je tenoye de bons prisonniers.
Desquelz iattendoye receuoir
Pleine ma bourse de deniers
Pour despense et pour auoir
Les gardes et fait mon deuoir
De les penser bien loyaulment
Quant on meurt on doit dire voir
Dieu scait qui dit vray ou qui ment.

La mort

Contre moy ne vault nul effort
Vous le scaues bien cordelier
Souuent aues presche de mort
Dont vous deues mains merueiller.
Il ne sen fault esmay bailler
Il nest si fort que mort narreste
Si fait bon a mourir veiller
A toute heure la mort est preste

Le cordelier

Quest ce de viure en ce monde
Nul home a seurte ny demeure
Toute vanite y abonde
Puis viet la mort quato⁹ court seure
Mendicite poiut ne masseure
Des mesfais fault payer lamende
En petite heure dieu labeure
Sage est le pecheur qui samende

c ij

La mort

Petit enfant na gaires ne
Au monde auras peu de plaisance
A la dance seras mene
Cõme aultre car mort a puissance
Sur tous du iour de la naissance
Conuient chũn a mort offrir
Fol est qui nen a cognoissance
Qui plus vit plus a a souffrir

Lenfant

A a a ie ue scay parler
Enfant suis iay la langue mue
Hier naquis huy men fault aller
Je ne fais quentree etyssue
Rien nay mesfait mais de peur sue
Prendre en gre me fault cest le mieulx
Lordõnãce dieu ne se mue
Aussi tost meurt ieune que vieulx

La mort

Cuides vous de mort eschapper.
Clerc esperdu pour reculler
Il ne sen fault ia desfriper
Tel cuide souuent hault aller
Quon voit a cop tost raualler
Prenes en gre allons ensemble
Car rien ny vault le rebeller
Dieu pugnyt tout qͭ bon luy semble

Le clerc

Fault il qung ieune clerc seruant
Qui en seruice prent plaisir
Pour cuyder venir en auant
Meure si tost cest desplaisir.
Ie suis quitte de plus choisir
Aultre estat il fault quainsi dance.
La mort ma pris a son loysir
Moult reste de ce que fol pense

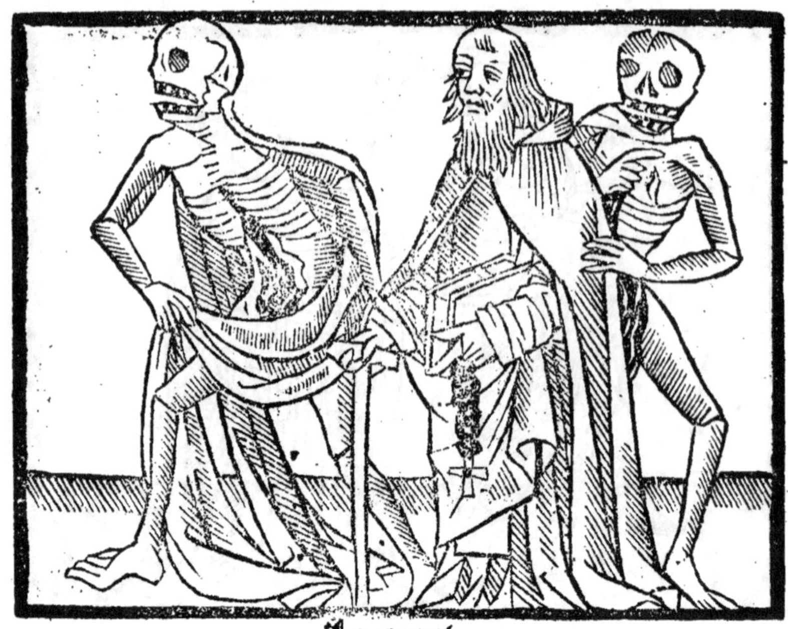

La mort

Point ne deues faire refus
De dancer faites vous valloir
Vous nestes pas seul leues sus
Pour tant mains vo⁹ en doit challoir
Venes apres cest mon vouloir
Hõme nourri en hermitage
Ja ne vous conuient plus douloir
Vie nest pas seur heritage

Lhermite

Pour vie dure ou solitaire
Mort ne donne de viure espace
Chescun le voit si sen fault taire
Or requiers dieu que don me face
Cest que tous mes peches efface
Bien suis content de tous ses biens
Desquelz iay vse de sa grace
Qui na souffisance il na riens.

Dz sont en la fin bons amys
Et dancent ycy dung accozt
Plusieurs qui estoient ennemys
Quant ilz viuoient et en discozt
Mais la mozt les a mis daccozt
La quelle fait estre tout vng
Riches et poures quât dieu laccozt
Tous mozs sont dung estat cômun.

Le roy mozt

Vous qui en ceste pourtraiture
Voyes dancer estas diuers
Penses que humaine nature
Ce nest fozs que viande a vers
Je le monstre qui gys enuers
Moy qui estoys roy couronne
Telz seres vous bons et peruers
Tous estas sont a vers donnes.
Lacteur.

Rien nest dhôme qui bien y pense
Cest tout vent chose transitoire
Chescun le voit par ceste dance
Pour ce vous qui voyes lhystoire
Retenes la bien en memoyre
Car hôme et fême elle âmonneste
Dauoir en paradis la gloire
Eureux est qui es cieulx fait feste

　Bon y fait penser soir et main
Le penser en est proffitable
Tel est huy qui mourra demain
Car il nest rien plus veritable
Que de mourir ne moins estable
Que vie dhôme on lappercoit
A loeuil pour quoy ce nest pas fable
Fol ne croit iusques il recoit

　Mais aulcûs sont a qui nen chault
Côme sil ne fust paradis
Nenfer helas ilz aurôt chault
Les liures que firent iadis
Les saintz le môstrent en beaulx ditz
Acquites vous qui cy passes
Et faites des biens plus nen dys
Bienfait vault moult aux trespasses

　Puys quaisi est q̃ la mort est certaie
Plꝰ quaultre rié terrible ⁊ doloureuse
Et q̃ chose ne peult estre incertaine
Plus q̃ lheure horrible et angoisseuse
Et soit li briefue et par tât perilleuse
Et car viuôs en ce val miserable
Il mest aduis pour le plus côuenable

Que no⁹ deuons du tout entieremēt
Mettre soubz pie ce mõde deceuable
Pour bien mourir ⁊ viurc loguemēt.

Delaisser doys toute ioye mõdaine
Et mener vie hũble et religieuse
Qui mõter veult a la tressouueraine
Cite des cieulx qui tant est gloꝛieuse
Si la doit bien cõtépler lame eureuse
q̃ ayme dieu ⁊ hait oeuure de dyable
Suiure les bõs estre a to⁹ cheritable
Soy cõfesser souuent deuotement
Et messe oyr qui tant est pꝛoffitable
Pour bien mourir ⁊ viure longuemēt

Trop abuse est lhõme qui demeine
Oꝛgueil en luy et vie ambicieuse
q̃t on scait bien q̃ la moꝛt tout ēmaie
Qui viēt souuēt foꝛt merueilleuse
Mais doit pēser la passion piteuse
Du redẽpteur et la peine doubtable
Denfer sans fin qui est inenarrable
Leiour hastif du diuin iugement
Et ses peches cõme sage et notable
Pour bien mourir et viure lõguemēt

O moꝛtel hõme et ame raisõnable
Se apꝝs moꝛt ne veulx estre dãnable
Tu dois le iour vne foys seullement
Penser du moins ta fin abhomiable
Pour bien mourir et viure lõguemēt

Sensuyuent les ditz des troys
moꝛtz et des troys vifz.

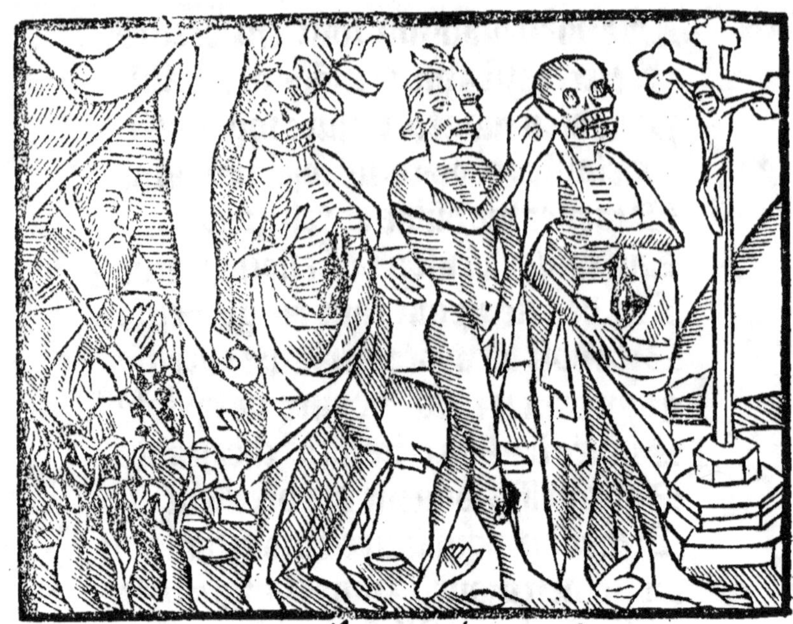

Le premier mort

Se nous vous apportons nouuelles
Qui ne sont ne bonnes ne belles
A plaisance ou a desplaisance
Prendre vous fault en patience
Car il ne peult estre aultrement.
Beaulx amys tout premierement
Nonobstant quelconques richesse
Puissance honneur force ieunesse
Nous vous denonçons tout de voir
Quil vous conuient mort receuoir
Vne mort si tresdouloureuse
Que les mortz qui en sont deliure
Ne vouldroient iamais reuiure
Pour mourir encor de tel mort
Et aprs quant vous seres mort
Tout ainsi que poures truans
Vous seres hydeux et puans

Des noſtres et de nos liurees
Et vos ames ſeront liurees
Je nen dys plus mais ceſt du pire
Il me ſouffit aſſes de dire
De vos meſchans corps la miſere
Qui ne ſont pas daultres matiere
Certainemét ne que nous ſõmes
Na gaires eſtions puiſſans hõmes
Or ſõmes telz cõme voyes
Se voules ſy y pouruoyes
Et bien vous y deuſſes pouruoir
Quãt en nous vous poues bié veoir.
Cõme de vous il aduiendra
Et quel loyer mort vous rendra
Car vos corps qui ſõt plains dordure
Aller feras a pourriture
Telz cõme vous vne foys fumes
Telz ſeres vous cõme nous ſommes

Le second mort

Pouruoyes vous se vous voules
Aultrement que vous ne soules
Car certes la mort vous espie
Pour vous oster des corps la vie
Plus briefuement que ne cuides
Côme estes si oultrecuides
Que pour vng pou de ioye vaine
Vng pou de plaisance mondaine
Qui est de si courte duree
Tost venue plustost allee
Voules vous perdre la ioye fine
De paradis qui point ne fine
Et qui pys est dânes seres
Aultrement nen eschapperes
Mais ce sera sans deliurance
Côme aues vous a tel plaisance
Dittes nous meschans orguilleux
En ce monde si perilleux
Ou il na que diuisions
Diuerses tribulations
Puis guerre puis mortalite
Tousiours nouuelle aduersite
Reuient auant que lautre faille
Vous ne saues hôme sans faille
Tant soit puissant veuille nêveuille
Qui ne seuffre quil ne se deuille
Ailleurs doncques repos queres
Car cy point ne le trouueres
Repos aures en paradis
Se croire vous voules les ditz

Des sages qui conseillent faire
Ce que de faire est necessaire
Pour lacquerir et pour lauoir
Rien mieulx nully ne peult auoir
Faites des biés plus que pourres
Aultre chose nemporteres
Le tiers mort
O folle gent malle aduisee
Que ie voy ainsi desguisee
De diuers habitz et de robes
Et daultres choses que tu robes.
Tant puante charongne a vers
Et prens de tort et de trauers
Ne il ne te chault dout il te viengne
Mais que ton estat se maintiegne
Quant ie cognoys tes faulx delitz
De vin viande les delitz
Les grans exces les grás oultrages
Dont ceulx qui font les labourages
Aux cháps et pour toy se trauaillent
Tous nudz et de fain criét et baillét
Dont doubte que soudainemét
Quant ie voy ton gouuernement
Dieu telle vengeance nen face.
Que vous nayes temps ne espace
Seullemét de cryer mercy
Cuydes vous tousiours regner cy
Folz meschans de malheure nes
Qui en ce point vous demenes
Nenny nenny vous y mourres
Faites du pys que vous pourres

Lors aures pardurable vie
Bonne ou malle nen doubtes mye
Dieu est iuste q tout payra
Chescun selon ce quil fera
Faites des biens nattendes pas
Que ceulx dapres voltre trespas
Pour vous en facent sans prescher
Plus ne vous vouldront approcher
En la terre vous porteront
Et tost apres vous oubliront
Et telz cuides vos bons amys
Qui sont vos plus grãs ennemys
Pour quoy donc prens si grãt plaisir
Hõme abuse plain de presuption
En ce faulx monde ou na q desplaisir
Enuie orgueil guerre discention
Bien malheureuse est ton affection
Que penses tu astu plus grãt enuie
Destre doubteur en ceste courte vie
q les humais a la mort denfer meine
Il est bien bon de viure en voye certaie
Tu le scais bien se tu nes insensible
Que cest chose forte ou impossible
Dauoir ycy ton aise entierement
Et apres mort la sus pareillement
Helas pour tant change condition
Et te rauise ou tu es aultrement
Hõme desfait et a perdition
Choysy des deux tu as discretion
Lequl veulx tu on vie ou mort choisir
Aymes tu mieulx de ton corps le desir

Ou lame pardurablement
Uiura en ioye ou en tourment
Pensons doncques si bien finer
Quen ioye nous puissons regner
Bon y fait penser quant on peult
Souuent on ne peult qͭ on veult
Le tiers dit.

Certes cest bien dit mais au fort.
Il nya point de descoufort
Tous nous côuient passer ce pas
Et croy que dieu ne nous hait pas
Mes beaulx seigneurs et vôs amys.
Quãt ces troys mots nous a trãsmis
Qui dône no⁹ ont cognoissance
De la mort et de la meschance
Qui nous bient finer nostre ioye
Helas iamais ie ne cuydoye
Que ce temps cy nous deust faillir
Ne que mort olast assaillir
Telz gẽtilz gẽs côme nous sommes
Mais ie boy bien que riches hômes
Sont telz et de nulle ballue
Ne plus ne moins que gent menue
Nen parl on plus cest pour neant
Maintenant ie suis cler boyant
Que la ioye du monde est briefue
Et la fin delle point ne griefue
En enfer est horrible peine
En paradis a ioye pleine
Sur toutes choses delectable
Et lune et lautre est pardurable
d ii

Or ensuyuons se vous emprie
Desormais la meilleur partie.
Fol est qui choisit et depart
Quant il eslit la pire part
Deux voyes auons deuant nos yeulx
Nous qui viuõs ieunes et vieulx
Vne a ioye et repos meine
Lautre a tourment et a grãt peine.
Pour ioye et pour repos auoir
Bien fault faire doit on sauoir
Qui mal fait et ne se repent:
Il aura peine et grant tourment.

Cy fine la dãce macabre auecques les
ditz des troys mors et des troys vifz
Imprime a genesue lan .M.cccc.iiij